JULIO CÉSAR SIERRA RUIZ

HISTORIA DEL ARTE ABSTRACTO:

1. Cómo entender e interpretar fácilmente el arte moderno y el arte abstracto. Libro #1

"La pintura tiene una vida propia. Yo trato de dejar que aflore".

Jackson Pollock

"Toda obra de arte es hija de su tiempo, muchas veces es madre de nuestros sentimientos. De la misma forma, cada periodo de la cultura produce un arte propio que no puede repetirse. El intento de revivir principios artísticos pasados puede producir, a lo sumo, obras de arte que son como un niño muerto antes de nacer".

De lo espiritual en el arte. Vasili Kandinsky

"No hay arte abstracto. Siempre hay que empezar con algo. Después puede

eliminar todos los rastros de la realidad"

Pablo Picasso

LIBRO PRIMERO

ÍNDICE

PRÓLOGO

Hace pocos años, una noticia fue centro de atención artística en los medios de comunicación. Se trataba de la venta de dos obras por la suma de quinientos millones de dólares. Yo la vi primero en el diario El País de España, luego en canales de televisión y finalmente en la mayoría de las páginas de noticias en internet. Un fragmento de la noticia de El País era el siguiente:

Kenneth Griffin, una de las figuras más poderosas en el mundo de las finanzas, acaba de convertirse en el protagonista de la compra de arte más cara de la historia. El fundador del fondo de cobertura Citadel pagó en otoño –la compra se hizo pública anoche- 500 millones de dólares (450 millones de euros) por Interchange (1955), un lienzo de Willem de Kooning, y por Number 17A (1948), de Jackson Pollock. El dekooning le supuso un desembolso de 300 millones y el pollock, los 200 restantes.

El dekooning, que hasta ahora era propiedad de la fundación David Geffen —de donde también procede el pollock— se habría convertido así en la obra de arte contemporáneo más cara nunca antes vendida, de acuerdo con los detalles revelados por las cadenas financieras CNBC y Bloomberg, y sería por tanto también la pieza de arte más valorada de la historia, igualada con Nafea faa ipoipo, de Paul

Gauguin, adquirida en febrero de 2015 por el mismo precio por Qatar. Los dos trabajos de los maestros expresionistas abstractos han sido cedidos por el magnate al Instituto de Arte de Chicago, la ciudad donde tiene su firma la sede, y allí están expuestos actualmente en la misma sala. En 1989 *Interchange* (1955) ya batió récords al ser adquirido por el coleccionista japonés Shigeki Kameyama por 20,6 millones de dólares en una subasta en Sotheby's en Nueva York.

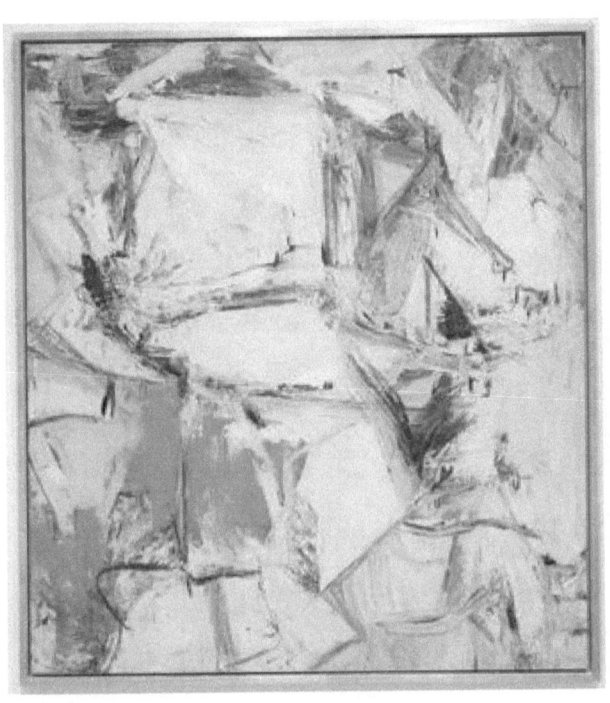

Interchange. Willen De Kooning

Dimensiones: 200.7cm X 175.3 cm

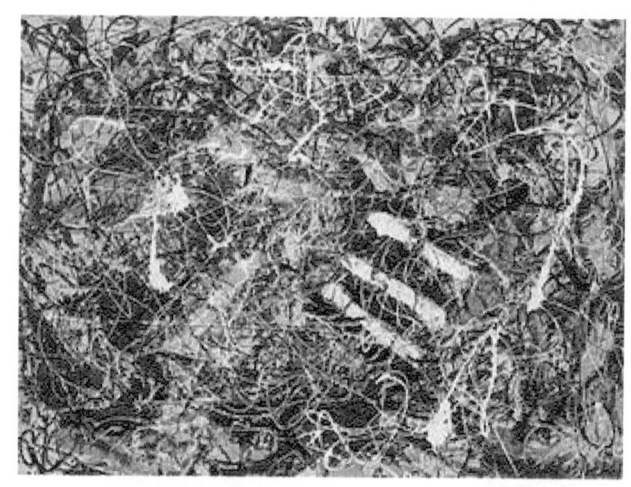

Number 17A. Jackson Pollock

Dimensiones: 112 x 86.5 cm

Esta venta tal vez habría sido admirada y celebrada por absolutamente toda la comunidad artística mundial, si se tratara dos obras hechas por Da Vinci o Miguel Ángel, o acercándonos mucho más hacia el modernismo, si fueran dos obras de Picasso o de Dalí. Pero resultaba que eran dos obras abstractas de formato mediano, que lejos de tener los lineamientos estéticos a los que la mayoría de personas estamos acostumbrados, son dos creaciones netamente abstractas y libres del "Objeto real". Entonces en las redes sociales gran cantidad de personas, incluyendo críticos de renombre, estallaron en contra del arte moderno y sus "exagerados precios", mientras una gran parte de la crítica y algunos pintores compartieron su opinión de que el arte abstracto estaba "sobrevalorado". En ese entonces, yo con escasos conocimientos sobre arte moderno, quise no crearme prejuicios ante tal polémica y buscando la manera de formar mi propio juicio u opinión personal, además porque como pintor veía que las salas y museos estaban paulatinamente dando mayor importancia a obras orientadas hacia esta corriente moderna y lucrativa, decidí emprender mi investigación al respecto.

Al comienzo comencé a leer algunos libros de arte moderno que fueron una buena guía para conocer la historia del arte hasta nuestros días, pero contrario a despejar mis dudas, generaron una gran cantidad de preguntas, pues a pesar de tener conocimientos históricos y técnicos, actualmente se nos exige tener en cuenta algo que, a muchos artistas nos abre o nos cierra las puertas incomprensiblemente: el mercado.

Entonces inicié con cientos de preguntas vagas y fui escogiendo algunas para guiar mi investigación. Algunas de ellas son:

- ¿Es realmente cierto que el arte abstracto está sobrevalorado?

- ¿Los pintores, escultores y demás artistas que realizan éste tipo de obras son simple aprendices o son expertos en las áreas técnicas y pictóricas?

- ¿Debería dedicarme al arte abstracto y dejar de lado el realismo, impresionismo, paisajismo y otras corrientes que me apasionan, pero que al parecer estaban siendo apartadas por el arte abstracto, tanto en galerías de arte prestigiosas, como museos modernos?

- ¿Seré bien visto por la crítica actual si no hago parte de los artistas que se enfocan en el arte moderno?

- ¿Debo hacer arte moderno para poder exponer en las mejores salas del mundo?

- ¿Si quiero llegar a ser reconocido como artista, debo obligatoriamente aprender a producir arte abstracto?

- ¿Puede alguien empezar a hacer arte abstracto sin haber aprendido las técnicas y los conceptos de estética que requieren otras corrientes artísticas?

- ¿Hacer arte abstracto me hace un artista moderno, de mi época o todo lo contrario?

- ¿Si hago arte abstracto podré vender mis obras en millones de dólares?

- ¿Si el arte abstracto es subjetivo, cómo sabrán los críticos, o incluso yo mismo, si mi obra es buena o no?

- ¿Cuál de los críticos de arte, los que están a favor o en contra, tienen la razón?

- ¿Es el arte abstracto el resultado de un desarrollo intelectual más elevado o al contrario?

Haciendo retrospectiva sobre mis propias vivencias, recordé que, en muchas ocasiones, a principios de este siglo, yo había visitado variados museos o asistido a numerosas exposiciones de arte en mi ciudad natal y en ciudades aledañas, mientras compartía alegremente con amigos y desconocidos, mi admiración por el arte clásico y costumbrista que generalmente nos atrae con los acercamientos reales casi fotográficos. Luego me dejé atrapar por el impresionismo de Monet, Manet, Renoir y los demás grandes autores de esa corriente, cuyas obras aún guiadas por las formas reales, creadas bajo técnicas que yo mismo ya conocía, de todas maneras me permitían compartir opiniones y deleitarme con propiedad en mis conversaciones con mis conocidos y artistas locales. Luego recordé la visita que en el año 2011 hice a los grandes y reconocidos museos Lovre y D'Orsay en París, donde en aquel entonces sentí que la gloria de la historia del arte me cobijaba y tras captar por muchas horas los trazos de los genios de la historia, creí en ese momento que mi mente, mi subconsciente y todo mi intelecto se había nutrido lo suficiente como para tener unas bases firmes y completas sobre el arte, casi tan poderosas como los críticos que leía en los periódicos locales y que nombraban con naturalidad las obras que yo mismo ya había apreciado personalmente. Pero todo mi entusiasmo y enaltecida creencia ahora se veía disminuida cuando en las noticias vi y escuché las cuantiosas cantidades de dinero por las cuales se habían vendido esas obras abstractas, que abrían un nuevo mundo desconocido y muy ajeno a lo que había admirado por años. Descargué dichas obras a mi ordenador y tras verlas por varios minutos, noté que parecían, bajo el juicio rápido y torpe de mi pensamiento apegado a las normas estéticas tradicionales, ni más ni menos que figuras producidas por un niño de tal vez cinco años (así también algunos críticos famosos las han tildado en blogs y medios de comunicación). Recuerdo que lo primero que pensé fue: debieron haber hecho esas obras en algunas horas. Algunas horas o pocos días, para después ganar, tal vez sin siquiera hacer bocetos ni planear algo estructurado, millones de dólares. Pero las obras eran de Pollock y de Kooning, grandes intelectuales y expertos pintores que habían conocido y pintado todas las corrientes artísticas antes de su afamada y merecida vida de reconocimientos. Simplemente eran artistas que yo no conocía, me apena decirlo, pues no los había estudiado en mi trayectoria artística, una enfocada más en Da Vinci, Rafael, Miguel Ángel, brunelleschi y de ahí en adelante hasta llegar a mi más admirado, Vincent Van Gogh. Luego de haberme adentrado en su obra y en la de algunos otros impresionistas, pinté una gran cantidad de obras con las caracterizadas texturas y colores, hasta que me detuve por al menos 5 años en el cubismo, tras haber conocido las obras de Picasso y Braque, a los cuales estudié con esmero, conocí la mayoría de sus obras, y así quise dejarme influenciar para producir las mías. Había admirado a Cézanne y el cubismo analítico y sintético de Picasso me habían otorgado una visión de arte moderno más desligada del objeto, pero el arte abstracto lo mantenía lejano e incomprensible. Para mí no era más que formas confusas y poco llamativas, más aún si recordaba el hecho de encontrar obras decorativas por doquier, además muy baratas y técnicamente insuficientes, algunas abandonadas a las inclemencias del clima en marqueterías, parques y en muchas casas de conocidos y familiares, que las habían adquirido de acuerdo al sillón de su sala o al de la pared del departamento moderno.

Empeñado en mi tarea, continué con las biografías de artistas destacados a nivel mundial, con los libros de Kandinsky y luego con libros especializados en arte abstracto que incluyo más adelante en la bibliografía, y de pronto mi forma de entender y ver esta corriente cambió por completo. Me sentí fascinado, busqué en los registros de la web nuevamente a Kooning, quien en las noticias se anunciaba en exposiciones junto a obras de Picasso. Lo analicé con un ojo crítico más acertado, con una admiración tenaz sobre sus logros y poco a poco fui aprendiendo a conocer las obras de arte abstractas para enriquecer mi espíritu.

Asimismo, apreciado (a) lector (a), quisiera que leyera mi libro, con la disposición de ver con otro lente y desde otro punto de vista, el cual fue una guía propia, elaborada a partir de la necesidad de comprender una situación nueva, o simplemente con el deseo de informarse de lo que se conoce como la historia del arte abstracto, definido ya por artistas que han dejado huella en la cultura universal. Pues si bien cualquiera podría sin conocimientos técnicos realizar una cantidad de obras sin sentido, con aspecto desordenado y entremezclado, creo que el arte abstracto es el resultado de un camino largo de aprendizaje de técnicas y de muchas corrientes artísticas, que acaba con la realidad y es ahí en donde empieza su desarrollo.

Entonces, tras la necesidad propia de entender e introducirme en los conceptos del arte abstracto, buscando bases con criterio y tratando de dilucidar los conceptos fundamentales de esta corriente que ha causado gran polémica, hice un recopilado de mi investigación de decenas libros reconocidos de la historia del arte, de arte moderno y de búsqueda en la web, donde de todas maneras no podría abarcar a cabalidad los conceptos de esta corriente, que se reinventa cada día, pero sí conocer bastante los fundamentos que me han servido de guía para poder apreciar y construirme ideas de manera personal en éste amplio universo derivado de la apropiación e interpretación de la mente humana. Lo cual, contrario a bloquear la posibilidad de aprender en dicho campo, nos permitirá, si abrimos nuestra mente y la disponemos sin prejuicios, a conocer nuevos caminos, así como también podremos probar de manera crítica y experimental, las opciones estéticas que ella nos brinda.

Ésta serie de libros se fue creada poco a poco tras apuntes útiles, donde recopilé de manera resumida, pero haciendo justicia a su propia complejidad, la breve, pero a la vez extensa historia del arte abstracto, después de haber quedado maravillado ante un nuevo universo de formas simples e infinitas.

En este libro se pretende ayudar al lector a entender los conceptos fundamentales y las bases argumentales del arte abstracto, esperando que sea un aporte cultural y una invitación a explorar con la mente abierta, sea como espectador o artista, este universo que hace parte del arte moderno, que a pesar de que se ha escrito desde un análisis e investigación personal, en todo caso, es un resumen de lo que la historia del arte y numerosos autores ya nos han enseñado en libros y obras de arte al respecto.

El autor.

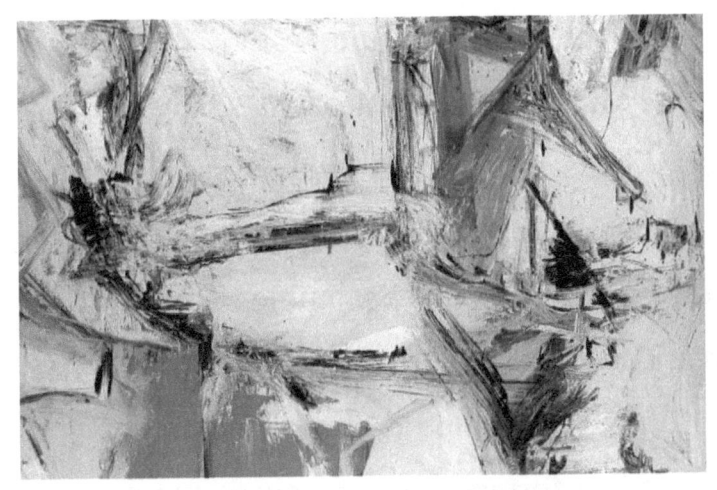

1. ¿Qué es el arte abstracto?

El arte abstracto es un estilo de la expresión de las artes plásticas cómo la pintura y la escultura, pero que abarca otras artes visuales, y representa figuras concretas y reconocibles del mundo tangible. Propone una realidad distinta a través de un lenguaje propio e independiente de formas, colores y líneas: Utiliza formas y perspectivas que no son una reproducción de la realidad, si hablamos las reglas de lo aparentemente lógico, sino que se pretenden obras mucho más libres e innovadoras, cuya interpretación queda a cargo de quien las admira.

Este estilo surgió a finales del siglo IXX e inicios del siglo XX y toma fuerza hasta nuestros días, teniendo grandes representantes como los pintores

Vasili Kandinski,

Robert Deaunay, Kazmir Málevich, Piet Mo

ndrian, Mark Rothko, Jackson Pollock, Jesús

Soto, Carlos Cruz-Diez, Gerhard Richter o

Joan Miró. Así como también, los escultores

Marcel Duchamp, Aexander Calder y

Jean Arp.

Muchos expositores de esta corriente tuvieron conexión con la música, considerándola como objetivo de su proceso artístico particular, ya que la ésta produce un efecto estético mediante la abstracción del sonido de las notas musicales, que no imitan a ninguna realidad puntualizada.

Los abstraccionistas buscan alejarse del reino

reconocible de las formas conocidas para así adentrarse en el "arte puro".

El arte abstracto abarca movimientos como el expresionismo abstracto, el suprematismo, el action painting, de Stijl o el constructivismo, entre otros, que explicaremos más adelante.

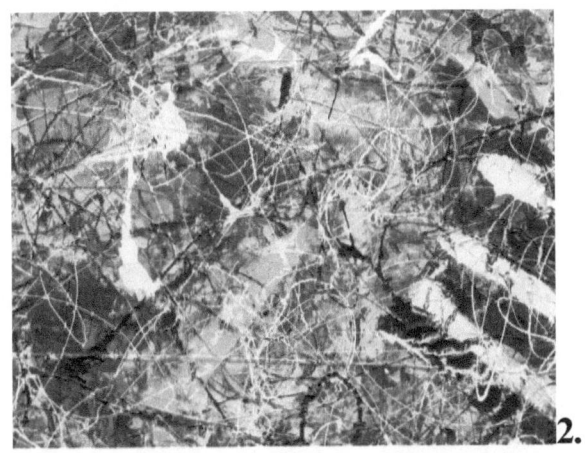
2.

2. El Origen del arte abstracto

Es el artista lituano Mikalojus Konstantinas Čiurlionis, el primer pintor y escultor abstracto considerado como tal, cuyas obras abstractas iniciales datan de 1904. Pero para la historia del arte moderno, sería el ruso Vasili Kandinsky el pionero, pues estableció las bases del abstraccionismo como un movimiento artístico coherente, moderno e internacional, a través de lo que él mismo denominó: "Abstracción lírica" entre 1910 y 1912.

Seguido a este movimiento, vendrían diversas exploraciones artísticas en la búsqueda de un "arte puro" primero Rusia, Francia y luego en Alemania y Estados Unidos.

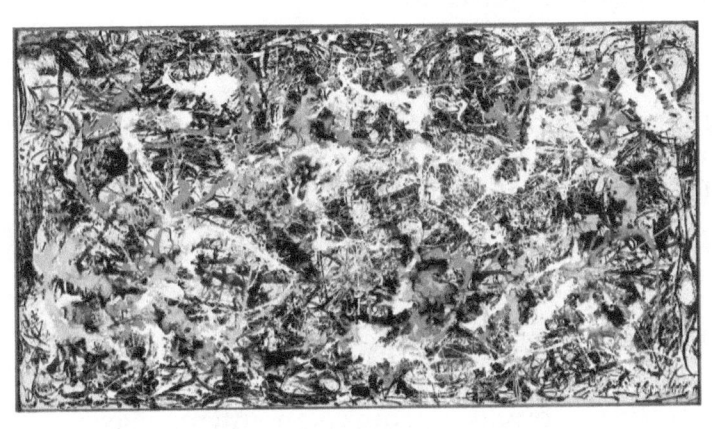

3.

Características
del arte abstracto

El arte abstracto rompió con la necesidad de representar objetos concretos y a pesar de que contiene una gran cantidad de tendencias, propuestas y estilos, es posible resumir sus particularidades:

1. En la pintura abstracta, se propone un lenguaje propio de la forma, el color y la línea, cuyas normas son intrínsecas al artista.

2. La consciencia de las formas y los colores, utilizados para aislarse de la realidad objetiva.

3. Las obras exigen que el espectador se aproxime a ellas, de modo intuitivo y menos tradicional.

4. El arte abstracto extendió la creación hacia otras posibilidades, dejando de lado la exclusividad a representar objetos concretos, dando espacio a los pensamientos y a nociones mentales difusas.

5. Las esculturas se basan en el principio tridimensional y en lo geométrico, a veces teniendo en cuenta al color.

4.

Características del arte abstracto en el siglo IXX

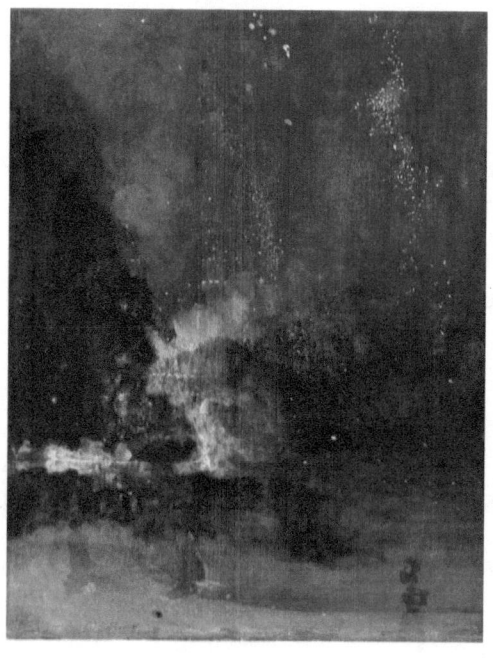

Las primeras innovaciones en el arte, dirigidas hacia el abstraccionismo, se le atribuyen a artistas como James McNeill Whistler, el pintor estadounidense, quien estaba ligado a las corrientes simbolistas e impresionista, además fue retratista y grabador; en su pintura "Nocturne in Black and Gold: The falling Rocket", («Nocturno en negro y oro: el cohete que cae», 1872), puso más énfasis en la sensación visual que en la representación de los objetos. Asimismo, el interés objetivo en cuadros de John Constable, paisajista inglés, J. M. W. Turner, Camille Corot y gran cantidad de pintores de plen air de la escuela de Barbizon. Donde se puede ver el nacimiento del arte abstracto, no como un rompimiento abrupto de lo tradicional, sino como el resultado de un desarrollo pictórico progresivo, donde las ideas y sensaciones derivadas de las composiciones, empezaban a primar por encima de la interpretación fiel a la realidad.

5.
características del arte abstracto en el siglo XX

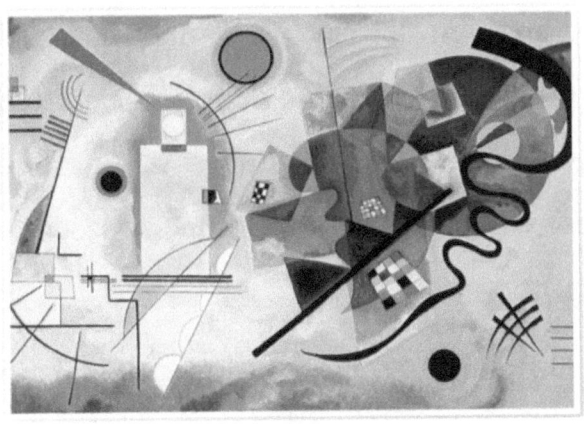

Paul Cézanne, pintor francés posimpresionista, comenzó reconstruyendo lógicamente la realidad desde diferentes puntos espaciales, usó el color para crear módulos y planos, convirtiéndose en la base de un nuevo arte visual que, estableció la transición entre la concepción artística decimonónica hacia el mundo artístico del siglo XX, que más tarde desarrolló el cubismo de los pintores Georges Braque (pintor y escultor francés) y Pablo Picasso (pintor y escultor español).

Después, los llamados pintores expresionistas, tras el atrevimiento y auge de los impresionistas, exploraron el uso más exagerado de texturas en la superficie pictórica, dibujando distorsiones, exageraciones y color intenso. Produjeron obras cargadas emocionalmente que eran percepciones y respuestas a la experiencia contemporánea; así como también reacciones al impresionismo y otras orientaciones más conservadoras de la pintura de finales del siglo XIX. Artistas como Edvard Munch y James Ensor, fueron influenciados principalmente por las obras de los postimpresionistas, pero al fin y al cabo, decisivos para la llegada de la abstracción en el siglo XX con obras como El grito y La entrada de Cristo a Bruselas.

El posimpresionismo, practicado por los pintores franceses Paul Gauguin, Paul

Cézanne y Georges Seurat; y el holandés Vincent van Gogh, en su mayoría reconocidos después de sus fallecimientos, tuvo un enorme impacto en el arte del siglo XX y llevó al acaecimiento de la abstracción del siglo XX. El legado de estos pintores resultó esencial para el desarrollo del arte moderno. A comienzos del siglo XX, Henri Matisse y otros jóvenes artistas incluyendo a los precubistas Georges Braque, André Derain, Raoul Dufy y Maurice de Vlaminck se rebelaron al mundo artístico de París con pinturas de paisajes y figuras "salvajes", de extremo colorido y muy expresivos, que los críticos denominaron fovismo, o cómo también se le conoce: "fauvismo". El crudo lenguaje del color, tal como lo desarrollaron los fovistas directamente, influyeron a otro pionero de la abstracción: el Ruso Vasili Kandinski.

Aunque el cubismo finalmente dependa del tema representado, fue junto con el fovismo, el movimiento artístico que directamente dio paso a la abstracción en el siglo XX. Pablo Picasso hizo sus primeras obras cubistas basándose en interpretaciones de Cézanne, principalmente, de su idea de que toda representación de la naturaleza puede reducirse a tres sólidos: el cubo, la esfera y el cono. Así, con la pintura "Las señoritas de Aviñón", de 1907, Picasso creó un cuadro de grandes dimensiones, nuevo y radical, que mantendría casi en secreto, a excepción de las muestras que hacía a sus allegados, donde resaltaba un burdel primitivo y crudo, con cinco prostitutas como protagonistas, las mujeres fuertemente pintadas, con máscaras tribales africanas y sus contornos cubistas. Al poco tiempo, el cubismo analítico fue desarrollado conjuntamente por éste mismo artista y su amigo Georges Braque, desde alrededor de 1908 hasta 1912. Ese cubismo analítico, fue considerado la primera manifestación clara del cubismo, que luego dio paso seguido por el cubismo sintético, practicado no solo por Braque y Picasso, sino también por Fernand Léger, Juan Gris, Albert Gleizes, Marcel Duchamp e innumerables artistas hacia los años veinte. El cubismo sintético se caracterizó por la utilización de diferentes texturas, superficies, elementos de collage, recortes de periódico, arena, carboncillo, variadas técnicas de la pintura, papier collé y gran variedad de objetos diversos unidos. Los artistas de collage com Kurt Schwitters y Man Ray y otros influidos por el cubismo fueron determinantes para el desarrollo pleno del movimiento llamado "dadaísmo".

Desde inicios del siglo XX, los intercambios culturales entre artistas de las principales ciudades europeas y las norteamericanas, se habían vuelto muy frecuentes conforme se disciplinaban vigorosamente, en la búsqueda por crear una forma de arte que igualara las altas aspiraciones del mundo moderno. Las ideas de la mayoría de esos artistas de la época entonces convergieron mutuamente a través de libros, exposiciones y manifiestos locales e internacionales, de tal manera, que muchas fuentes estuvieron abiertas a la experimentación y formaron la base para la diversidad de todo tipo de abstracción.

Un ejemplo del eficaz intercambio cultural a grandes distancias, se notó en la comprensión y el saber actualizados del artista Ucraniano, nacionalizado estadounidense, David Davídovich Burliuk, que fueron demostrados en la segunda exposición del movimiento Sota de Diamantes, llevada a cabo en enero de 1912 (en Moscú), la cual incluyó no sólo pinturas enviadas desde Múnich, sino también de algunos miembros del grupo alemán Die Brücke, mientras que de París llegaron obras de Robert Delaunay, Henri Matisse y Fernand Léger, asimismo de Picasso. Luego diferentes exposiciones en el mundo, al igual que los grandes museos, fueron abriendo más exposiciones, dando mayor importancia a la nueva era de obras, donde la subjetividad primaba por encima de lo tradicional, como si hubiera evolucionado el arte y los conceptos y normas de la estética limitantes hubieran abierto paso a una nueva era más libre y creativa.

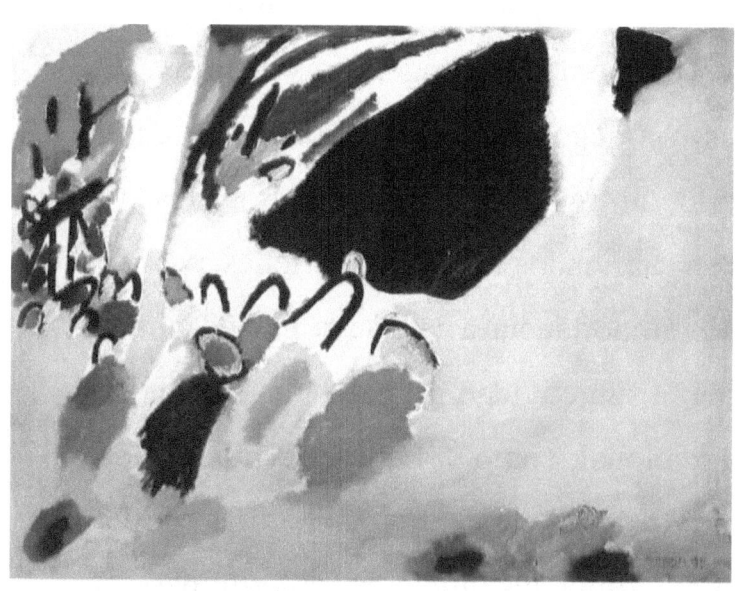

6. El arte abstracto en la música

El arte abstracto tuvo acercamientos e interconexiones con la música, ya que en el auge de los nuevos conceptos planteados por los artistas del siglo XX. La música proporcionó un ejemplo claro de una forma de arte que usa los elementos abstractos del sonido y las divisiones del tiempo. Vasili Kandinski, por ejemplo, quien también era músico, fue inspirado por la posibilidad de marcas y color asociativo "resonando en el alma". Ésta idea había sido propuesta inicialmente por el poeta, ensayista y crítico de arte Charles Baudelaire, quien decía que "todos nuestros sentidos responden a diversos estímulos, mas dichos sentidos están conectados en un nivel estético más hondo".

Relacionado con ello, está la idea de que el arte tiene "una dimensión espiritual" y puede transcender a la vida, alcanzando ese mismo plano espiritual.

El compositor Austriaco Arnold Schoenberg (quien también fue pintor) y Kandinsky se relacionaron bastante en los primeros años del siglo, dejándonos claro en su correspondencia, sus diversas opiniones sobre pintura y música, pintura abstracta y atonalismo, lo que influyó de manera decisiva en la concepción musical de las primeras obras atonales del reconocido compositor, marcando el estilo compositivo de las Fünf Orchesterstücke (Cinco piezas para orquesta) op.16 (1909) o el drama Die Glückliche Hand (La mano feliz) op. 18 (1908-1913), piezas que se caracterizan por sus atmósferas turbadas y excitantes, por acumulación de disonancias, su ultra expresión por saturación de cromatismos, acordes por cuartas y segundas, fragmentación de la melodía, su extrema concentración del material musical, la sinestesia y la abstracción sonora, que inevitablemente terminaría en la sistematización dodecafónica. Por otro lado, Kandinsky plasmó los sentimientos que experimentó en el concierto de Schönberg en el cuadro Impresión III (Concierto).

«El color es la tecla; el ojo, el macillo; y el alma, el piano con sus numerosas cuerdas», escribió Kandinsky en Stupeni (Mirada retrospectiva).

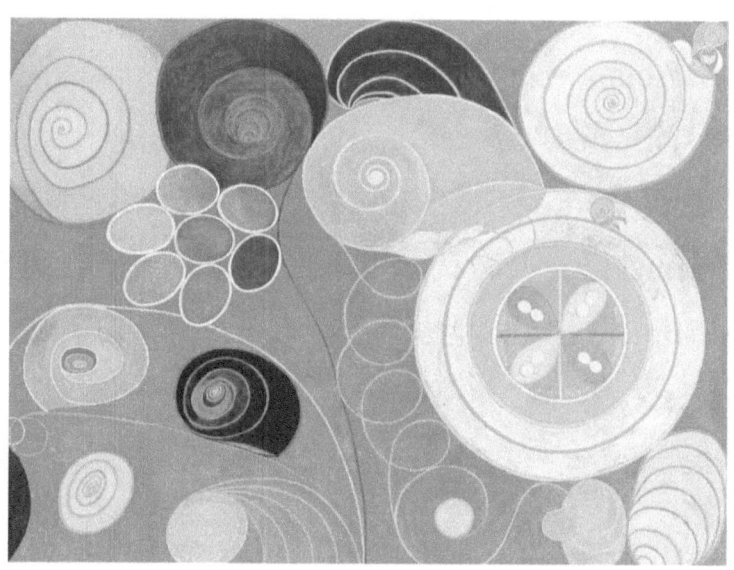

Arte abstracto: ejemplos y sus mayores exponentes en la historia

Algunos de los representantes más importantes del arte abstracto son:

JACKSON POLLOCK

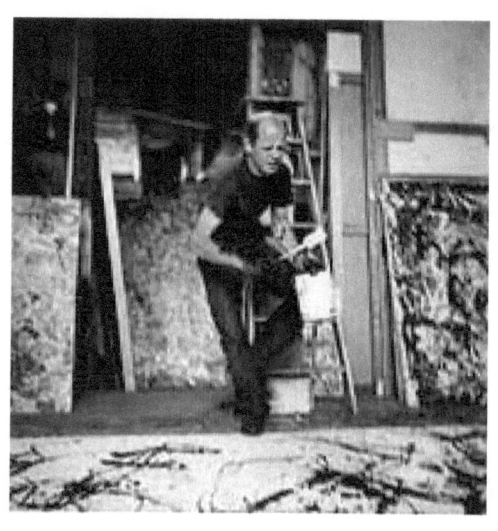

Jackson Pollock (28 de enero de 1912
– 11 de agosto de 1956). Nació en Cody,
Wyoming, Estados Unidos. Sus padres,
Stella May y LeRoy Pollock, eran
presbiterianos y de ascendencia escocesa-
irlandesa. LeRoy Pollock era granjero, su
condición social y la de su familia mejoró
cuando se convirtió en agrimensor para el

gobierno. Realizaron varios cambios de residencia a Arizona y Chico, California. En ésta última comenzó a estudiar en la Preparatoria de Artes Manuales, pero fue expulsado.

Pollock fue amante de la cultura de los Pueblos nativos de los Estados Unidos y logró acercarse a ella mientras iba con su padre a sus viajes. Luego Jackson se mudó a Nueva York en 1930, donde estudió, junto con su hermano, y fue discípulo del pintor Thomas Hart Benton en el Art Students. A pesar de ser un alumno siempre tuvo su gusto individual por el uso rítmico de la pintura y una feroz autonomía.

Entre 1938 a 1942, durante la Gran Depresión, Pollock trabajó para el Federal

Art Project Works Progress Administration. Luego de conocer varias técnicas pictóricas, empezó a llamarle la atención la pintura abstracta e irracional, y la plasmó en varias obras.

Para este tiempo Pollock luchaba contra un problema de alcoholismo, se sometió a psicoterapia junguiana con el Dr. Joseph L. Henderson y seguido a ello con la Dra. Violet Staub de Laszlo en 1942. El Dr. Henderson lo animó a través de su arte, alentándolo a hacer bocetos. Los conceptos y arquetipos junguianos fueron plasmados en sus pinturas. Con su recuperación lenta pero segura, llevó a cabo su primera exposición en la galería neoyorquina Art of this Century. En esta muestra expresó su admiración por el muralismo mexicano. Además, sus primeras obras, estaban influenciadas por el surrealismo, ejemplo de ello, es el cuadro La loba (1943).

Posteriormente, se casó con la artista, también pintora, Lee Krasner. Quien además de ser un apoyo emocional también fue un impulso para seguir con su carrera artística. En ese momento, Peggy Guggenheim era su mecenas. Su gusto por las composiciones totalmente abstractas comenzó en 1947, pues decidió prescindir en sus obras de todo símbolo reconocible y a pintar por medio de una nueva técnica: el dripping o chorreado. Esta técnica consiste en gotear y salpicar la pintura, sobre una tela sin tensar colocada en el suelo, cuyos resultados fueron apoyados por Harold Rosenberg, la cual se convirtió en una de las tendencias más significativas del expresionismo abstracto y de la action painting.

Las primeras obras bajo esta técnica fueron: Estrella fugaz (1953), Full fathom five y Lucifer (1947), que se encuentra en el museo de Nueva York, Marrón y plata I (1951). A los pocos años, su estilo experimentó una transformación al retomar la figuración en blanco y negro, dentro de un estilo muy virtuosista. Resultado de este periodo fue Ocean grayness (1953). Aunque esta etapa no fue muy famosa en la posteridad, ya que fue conocido más por sus grandes lienzos coloridos y abstractos, en la tela se entrelazaban formando una especie de maraña que provocaba gran impacto al espectador.

La técnica de Pollock fue comentada como una "técnica que dejó de lado el uso del caballete". Solo era necesario tensar un poco la tela para empezar. Pollock llegó a decir en varias entrevistas que el contacto con el suelo lo hacían sentir muy bien y más seguro de su labor y tenía mucho que ver con un método que él aprendió de un grupo indígena del oeste norteamericano, en donde ellos pintaban sobre la arena. Pollock, intento alejarse de los instrumentos tradicionales, tales como el caballete, la paleta y los pinceles, para inclinarse por los palos, las espátulas y la pintura fluida que gotea y se escurre.

Jackson Pollock trasformó la técnica debido a una serie de técnicas de tratamiento de la pintura no experimentadas hasta entonces. Toda esta dimensión fue la precursora del nacimiento del Expresionismo Abstracto, rama artística que fue afamada y muy solicitada entre la década de los 40 y 60 en ciertos sectores de la sociedad. La intención de esta técnica era provocar el surgimiento de distintas emociones sobre el público expectante.

Algunas de las obras de gran este pintor norteamericano fueron: Male and Female (1942); Stenographic Figure (1942); The She-Wolf (1943); Eyes in the Heat (1946); Composition (1948); Summertime (1948); Mural on indian red ground (1950);

Convergence (1952); Blue Poles (1952); Portrait and a Dream (1953); Easter and the Totem (1953); Ocean Greyness (1953). Entre otras.

Finalmente, un aparatoso accidente automovilístico, mientras conducía su Oldsmobile convertible bajo los efectos del alcohol, arrebato la vida de Jackson Pollock, quien murió en Springs, Nueva York, el 11 de agosto de 1956.

Vasíli Kandinsky

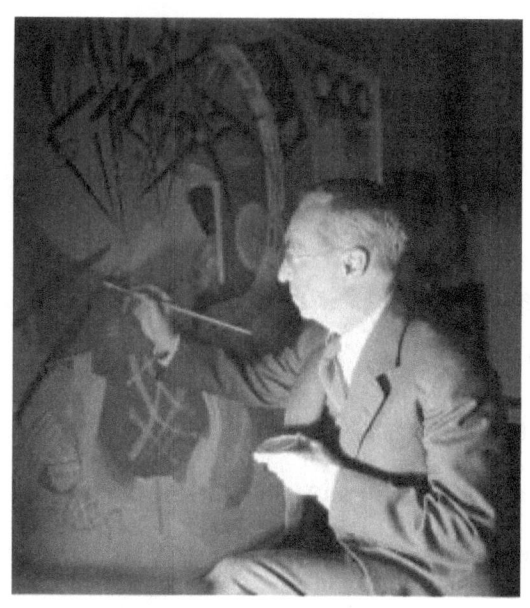

(Vasíli o Wassily Kandinsky; Moscú,
Rusia, 1866 - Neuilly-sur-Seine, 1944) fue el
pintor ruso (nacionalizado alemán y
posteriormente francés), de los más
destacados en la historia, como pionero y
teórico del arte abstracto. Realizó sus
estudios de derecho y economía, mientras
paralelamente realizaba clases de dibujo y

pintura. Al tiempo que se interesaba por la cultura primitiva y las manifestaciones artísticas populares rusas, muy especialmente por el arte propio de la región de Volodga, rico en ornamentos, también descubrió la obra de Rembrandt y Monet.

A la edad de treinta años, Kandinsky abandonó la docencia para estudiar pintura en Munich, renunciando a su porvenir académico ya consolidado. En esta ciudad asistió a las clases de Franz von Stuck y en ellas conoció a Paul Klee, con el que mantuvo una larga amistad. Desde el comienzo de su carrera se interesó por el color. En sus primeras pinturas se puede notar la influencia del postimpresionismo, el fauvismo y el Jugendstil alemán.

Entre 1902 y 1907 Kandinsky viajó a Francia, Países Bajos, Túnez, Italia y Rusia, para finalmente vivir en Murnau, donde pintó una serie de paisajes alpinos entre los años 1908 y 1910. Tal como narra él mismo en su biografía, en esos años se dio cuenta de que la representación del objeto en sus pinturas era secundaria e incluso perjudicial, y que la belleza de sus obras residía en la riqueza cromática y la simplificación formal.

Kandinsky combinó la libertad cromática de los fovistas con la manifestación del impulso vivencial del artista, propuesto por los expresionistas alemanes del círculo de Dresde, en una especie de síntesis teñida de lirismo, espiritualidad y una profunda fascinación por la naturaleza y sus formas.

Entre 1910 y 1914, Kandinsky pintó una gran cantidad de obras que agrupó en tres categorías: las impresiones, inspiradas en la naturaleza; las improvisaciones, expresión de emociones interiores; y las composiciones, que incorporaban lo intuitivo con el más exigente rigor compositivo. En estos cuadros resalta la utilización de gruesas líneas negras con vivos colores, donde se percibe todavía un poco la presencia de la realidad.

En 1911 fundó junto a Franz Marc y August Macke el grupo Der Blaue Reiter, organizando diversas exposiciones en Berlín y Munich. Paralelamente a sus trabajos, reflexionó sobre el arte y su estrecho vínculo con el yo interior en sus escritos, tal como lo expuso en De lo espiritual en el arte (1910) y en el Almanaque de Der Blaue Reiter, en el que, con dibujos y grabados de miembros del grupo, aparecían otras manifestaciones artísticas, como partituras de Schönberg (Kandinsky mantuvo una constante y productiva relación con la música durante toda su vida) y muestras del arte populares e infantiles.

Durante la Primera Guerra Mundial, Kandinsky volvió a Moscú; ahí emprendió varias actividades organizativas en el marco del Departamento de Bellas Artes del Comisariado Popular de la Educación. En

1917 se casó con Nina Andreievsky, y cuatro años más tarde se trasladó con ella a Alemania para unirse a la Bauhaus en la primera etapa de Weimar, donde continuaría como docente hasta antes de su disolución.

La influencia del entorno de la Bauhaus comenzó, y su obra experimentó una transición hacia una mayor estructuración, tanto compositiva como formal, que se ha dado en llamar el período arquitectural de su pintura, al cual siguió otro de transición en que experimentó con los trazos circulares y concéntricos (Círculos, 1926). También escribió manifiestos para la Bauhaus y publicó el libro "Punto y línea sobre el plano".

En 1933, cerrada la Bauhaus por los nazis, el pintor se mudó en Francia. En esta última etapa de su vida continuó en su particular búsqueda de formas inventadas, que plasmó por medio de colores mezclados de manera compleja e inspirándose en signos geométricos y en motivos decorativos eslavos, como lo hiciera al comienzo de su trayectoria pictórica.

Kazimir Malévich

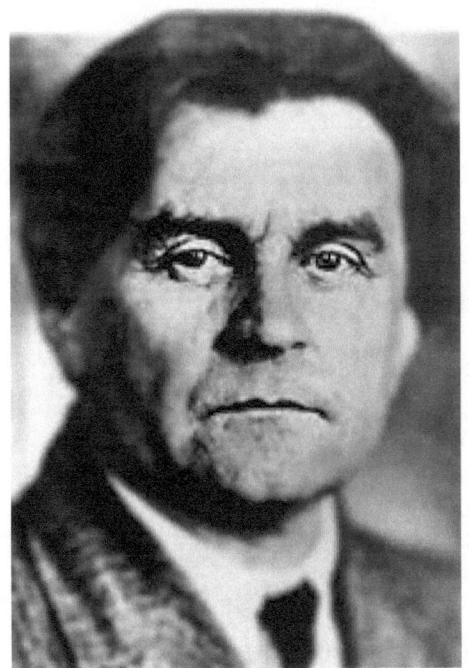

Pintor ruso. Nació el 11 de febrero de 1878 en Kiev, Ucrania. En sus primeras obras aparecen influencias del neoimpresionismo y el fauvismo. Luego fue influenciado por el cubismo.

En 1912 comenzó a desarrollar su propio estilo, que lo llevó a fundar el suprematismo a partir de uno de sus cuadros más famosos: Cuadrado negro sobre fondo blanco (1913).

El movimiento se basa en la reducción de la pintura a elementos geométricos.

.

Su abstracción culmina con la composición "Cuadrado blanco sobre fondo blanco" (1918, Museo de Arte Moderno, MOMA, Nueva York), como parte de la serie de pinturas de blanco sobre blanco.

realizó, con el poeta ruso Vladimir Mayakovsky, teorías sobre el suprematismo que fueron publicadas en revistas desde 1915.

Kazimir Malévich murió el 15 de mayo de 1935 en Leningrado, actual San Petersburgo.

Willem de Kooning

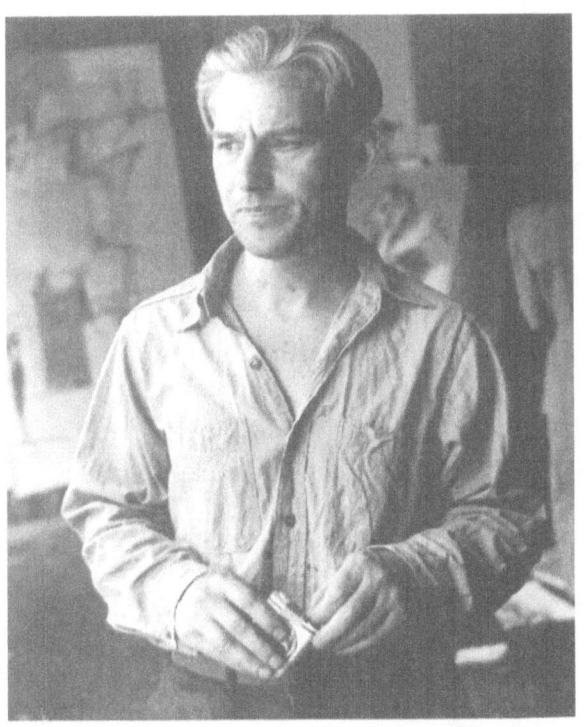

Nació en Rotterdam, 1904 y murió en
East Hampton, 1997. Fue un pintor

nacionalizado estadounidense, de origen holandés, considerado como uno de los máximos representantes de la Escuela de Nueva York y del Expresionismo Abstracto. Vivió en los Estados Unidos desde 1926, donde pudo dedicarse a la pintura cuando fue contratado para decorar obras estatales, dentro del Federal Art Proyect, durante los años treinta.

En sus primeros cuadros trató de solucionar el problema de conservar la figuración sin que la bidimensionalidad del lienzo quedara enmascarada. Mujer sentada (1940) ejemplifica la resolución del problema en una clara recapitulación y unión de cubismo sintético y el fauvismo; la figura y su alrededor forman una unidad de grandes planos articulados cromáticamente mientras que, a las manchas de color, Kooning yuxtapone potentes trazos negros que comienzan lo que finalmente será lo más característico de su creación: un entramado de líneas de enérgica vitalidad dominando toda la superficie plástica.

Kooning llegó a ese estilo personal después de haber experimentado con el automatismo, que le condujo a transformar la línea en trazos enérgicos; éstos se multiplican como un gran torrencial por todo el lienzo a partir de 1947, pero no dejan nunca las referencias cubistas presentes en figuras que se entremezclan en una arquitectura que modula figura y fondo sobre un lienzo, y en ocasiones, muestra su blancura original, destacando el carácter feroz de las líneas y rasgos gestuales.

Entre la estructura de líneas, de vez en cuando, quedan consignados elementos figurativos que hacen identificable el tema y sirve de excusa para la composición; éste es el caso de la más famosa de sus series, la de "las Mujeres" iniciada a principios de la década de los cincuenta. Si se quitaran los ojos, los cuadros quedarían inmersos en la abstracción, pues son éstos los que desencadenan el reconocimiento de las formas, ponen orden en el caos de las pinceladas y trasmutan ese remolino de gestos apasionados en imágenes identificables, mujeres toscas en la obviedad excesiva de sus rasgos eróticos.

Toda la obra de Kooning está regida por las ganas de lograr una interacción entre el espacio y la materia; entre la ilusión característica y la condición plana de la pintura, mientras que es una disputa continua para lograr un equilibrio entre el protagonismo expresivo del dibujo y la inmediatez emocionante del color.

Piet Mondrian

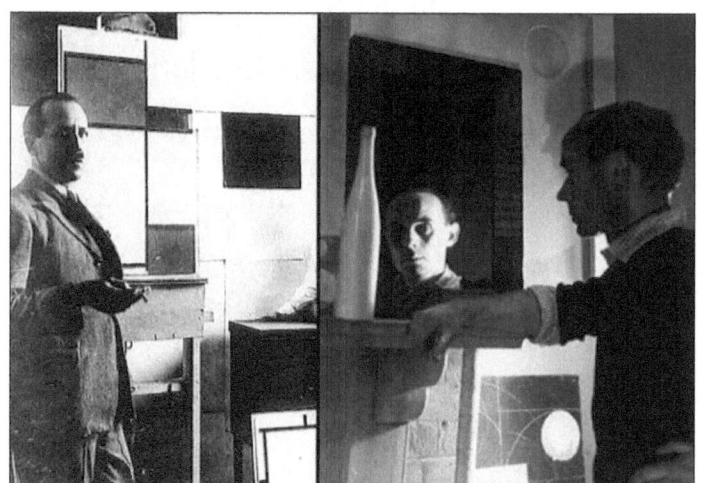

(Amesfoort, Países Bajos, 1872 - Nueva
York, 1944) Pintor holandés.

Por formación y trayectoria, sus primeras obras participaron de la tradición paisajista holandesa y de su interés por los efectos de luz. En 1907, tras conocer el trabajo de los pintores postimpresionistas cambió por completo sus antiguas nociones sobre el color, cuyo manejo realizó de manera mucho más audaz desde entonces. Seguido a ello, tras contemplar las primeras obras cubistas de Braque y Picasso, en 1912 decidió trasladarse a París y adoptar los conceptos del cubismo, interesado en reducir las formas particulares a una fórmula universal. Aunque plásticamente su obra reflejaba los principios cubistas, desde 1913 experimentó un avance hacia la abstracción que culminó en 1917 con el abandono definitivo del referente externo.

La Primera Guerra Mundial lo hizo volver a los Países Bajos, donde conoció a Theo van Doesburg. Junto con él y otros dos artistas (Van der Leck y Huszar), fundó la revista y movimiento De Stjil, desde los cuales defendieron el rechazo completo de la realidad como referente de la obra y la contracción del lenguaje pictórico a sus elementos básicos. Este estilo, llamado así por el propio Mondrian como neoplasticismo, pretendía lograr la objetividad real, liberando a la obra de arte de su dependencia de la apreciación individual momentánea y del temperamento del artista.

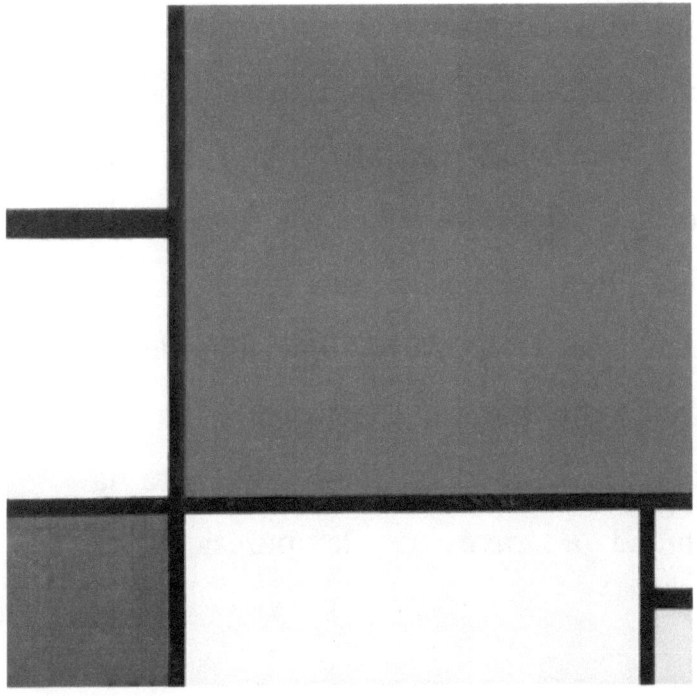

Tras vivir varios años en París y Londres, en 1940 se trasladó a Nueva York, donde su obra se vio influenciada por la actividad agitada de la vida urbana y por los ritmos de la música estadounidense, factores que implicaron un mayor esmero a las posibilidades constructivas del color. Por influencia de la tradición puritana holandesa y de la Sociedad Teosófica, con la que estuvo en permanente relación a lo largo de su vida, Piet Mondrian dio forma a un proyecto que se extendió más allá de lo pictórico hasta acabar por convertirse en una empresa ética: el arte como guía para la humanidad a través de la pureza y la claridad.

MAX BILL

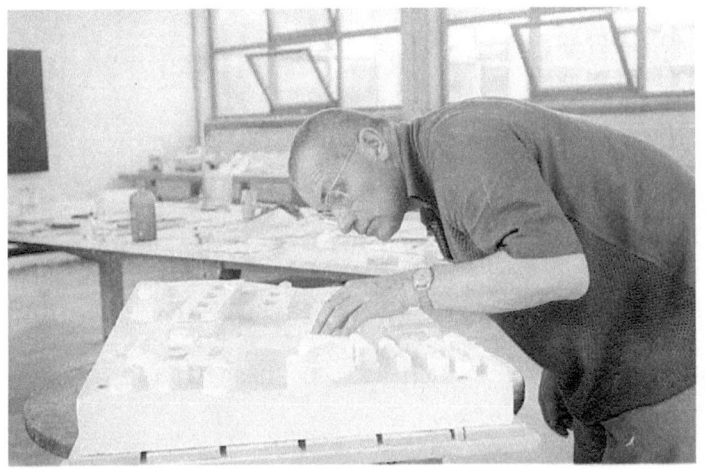

Nació en Winterthur (Suiza). De 1924
a 1927 estudió orfebrería en la
Kunstgewerbeschule de Zúrich, donde fue
influido por el dadaísmo y el cubismo. De

1927 a 1929 estudió artes en la Bauhaus de Dessau, aproximándose al funcionalismo del diseño con profesores como Vasili Kandinski, Paul Klee y Oskar Schlemmer.

Cuando culminó sus estudios regresó a Zúrich para dedicarse a la pintura, la arquitectura y el diseño gráfico. En 1930 formó su propio estudio de arquitectura y como miembro de la Deutscher Werkbund realizó la finca de Nuebühl de estilo moderno, cerca de Zúrich. En 1931 acogió la teoría del "arte concreto" de Theo van Doesburg, según la cual era posible lograr la universalidad con la claridad. En 1932 trabajó como escultor y se unió a varias organizaciones artísticas,, tales como la Abstraction-Création, el grupo de artistas Allianz de Suiza, el Congrès Internatonal d'Architecture Moderne (CIAM) y la Union des Artistes Modernes (UAM), de París.

En 1944 Bill hizo una primera incursión en el campo del diseño industrial, con el diseño de un reloj de aluminio para Junghans, firma con la que favoreció durante varios años realizando modelos de relojes de pared, de cocina y de pulsera con estilo racionalista y estética industrial. Uno de esos relojes de pared está expuesto en el Museo de Arte Moderno (MoMA) de Nueva York. Los relojes de pulsera Junghans "Max Bill" aún se producen y son apreciados por los aficionados y coleccionistas de relojes en todo el mundo. Diseñó un taburete minimalista, el Ulmer Hocker (1954), uno de sus diseños más famosos.

Realizó la exposición "Die gute industrieform", que pretendía promover la alta calidad de los objetos de diseño industrial.

En 1951 fundó junto a Inge Scholl y Otl Aicher, la Hochschule für Gestaltung en Ulm, Alemania (HfG Ulm), una escuela de diseño que seguía la tradición de la Bauhaus. En dicha institución fue rector y director de los departamentos de arquitectura y diseño de producción entre 1951 y 1956. Ahí defendió el funcionalismo y el formalismo geométrico de la Bauhaus, ya que creía que las formas apoyadas en las leyes matemáticas tenían una pureza estética, y por consiguiente, universalidad.

Sus proyectos pretendían representar la complejidad matemática de la Nueva Física de principios del siglo XX. Trató de crear objetos a fin de que esta nueva ciencia de la forma puede ser entendido por los sentidos. Un claro ejemplo de ello es su trabajo con la banda de Moebius.

En 1957, y tras abandonar la HfG de Ulm, fundó su estudio en Zúrich y se dedicó a la escultura, la pintura y la arquitecura. En 1964 fue nombrado arquitecto jefe del pabellón de "Educación y creación" en la Exposición Nacional de Suiza y miembro honorario del American Institute of Architects.

Desde 1967 a 1971 fue miembro del Consejo Nacional de Suiza, y luego se convirtió en maestro en la Staatliche Hochschule für Bildende Künste de Hamburgo y presidente de Diseño Ambiental, de 1967 a 1974. En 1973 fue miembro asociado de la Real Academia de Ciencias, Literatura y Arte de Flandes, en Bruselas. En 1976 fue miembro de la Academia de las Artes de Berlín.

Max Bill falleció el 9 de diciembre de 1994, en Berlín, Alemania; a la edad de 85 años.

Frank Stella

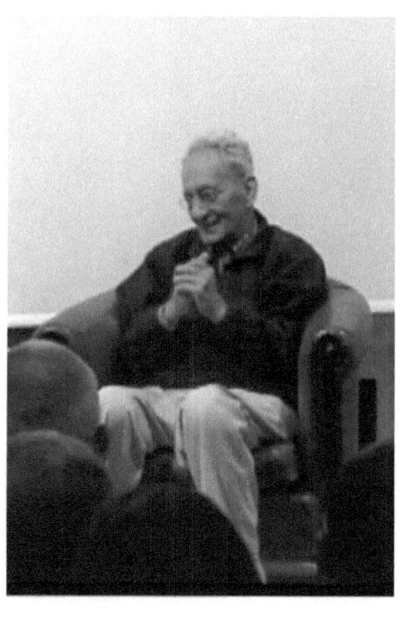

(Malden, 1936) Pintor estadounidense. Realizó sus estudios de historia en la Universidad de Princeton, donde se tituló y se mudó luego a la ciudad de Nueva York. A partir del expresionismo abstracto, pasó a un estilo esencial, formado por bandas monocromas o de colores planos, montadas sobre bastidores irregulares (cuadrados o en forma de H o X) dentro de la abstracción geométrica, con las que pronosticaba el "minimal art" de los años sesenta.

De esa época resaltan una serie de pinturas monocromas de tonalidades oscuras (las llamadas pinturas negras o rayadas, 1958-1960) cuyo interior estaba marcado por líneas paralelas al borde del bastidor. A través de ellas, Stella perseguía la síntesis entre la estructura interna y la estructura externa de la obra, exploración que sería las bases del arte minimalista. Obras como "A una profundidad de seis millas", (1960, Tate Gallery, Londres) o "La abadía de Newstead "(1960, Stedelijk Museum, Amsterdam) son paradigmáticas de una exploración en la que la técnica abandona el ilusionismo de la profundidad para avanzar en su definición como "cosa en sí", como puro objeto.

A mitad de la década de 1960 emprendió la utilización de la policromía, en una nueva etapa que destacó por las formas curvilíneas geométricas entrecruzadas y las recreaciones de colores vívidos y armónicos. Resaltan las llamadas Series "transportadoras" (1967-1968), creadas con círculos de gran tamaño y semicírculos. Consecutivamente abordó la realización de relieves en técnicas mixtas, de colores sensuales, que exhiben formas más orgánicas. En los años setenta y ochenta, Stella dejó la rigidez programática de sus comienzos para decantarse hacia la elaboración de barrocas pinturas en tres dimensiones. De sus obras pueden destacarse de Protractor (1967), Polish Village Series (1970-1973) y Brazilian Series (1974-1975). En los años ochenta hizo la serie Cones and pillars. En 1970 y 1987 se expusieron retrospectivas de su obra en el Museo de Arte Moderno de Nueva York. En la década de los noventa expuso su obra en el MNCARS de Madrid (1994) y en las galerías neoyorkinas Leo Castelli (1995), Knoedler & Company y Sperone Westwater (1999).

Theo Van Doesburg

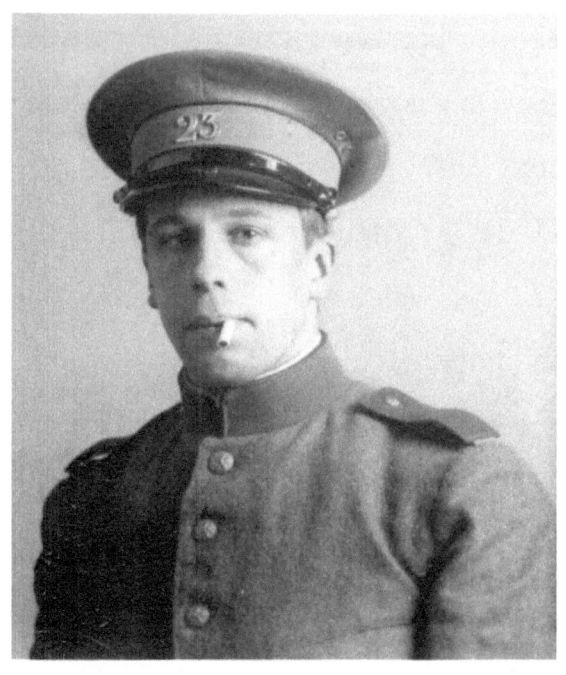

(Seudónimo de Christian Emil Marie
Küpper; Utrecht, 1883 - Davos, 1931)
Arquitecto, pintor y teórico de arte holandés,
es uno de los creadores del neoplasticismo.
Tras los inicios figurativos según la forma de
los   fovistas,   se   centró,   influido

por Kandinsky, en una forma de abstracción geométrica. Fue amigo de Mondrian desde 1915, y fundó junto a éste el grupo y la revista De Stijl (1917). Participó en proyectos arquitectónicos y redactó textos teóricos (Principios fundamentales de las nuevas artes plásticas, 1925), además de realizar un significativo papel propagandístico y de difusión de los principales centros artísticos. Su siguiente evolución hizo de él un punto de referencia para los grupos abstractos de los años treinta; a él se debe el proyecto del grupo Abstracción-Creación.

En 1918, mientras Tristán Tzara escribió el Manifiesto Dadá, Theo Van Doesburg y otros artistas y pintores neerlandeses, como Piet Mondrian, publicaron el Manifiesto del neoplasticismo, absolutamente antagónico al dadaísta. Si los dadaístas pretendían devastar el arte, los neerlandeses querían su renovación total. Frente a la intuición, la irracionalidad y el azar, resistieron la razón ordenadora, capaz de crear un estilo de formas simples y claras, distinguido por el uso de tonos primarios y aplicable a todas las manifestaciones plásticas. La constancia de Van Doesburg se sintetizó en la defensa de un ideal a la vez racionalista y humanista, originado sobre todo en sus proyectos de decoración de interiores, en los que se completaban la pintura y la arquitectura.

En 1924 publicó en la Bauhaus Principios de Arte Neoplástico y dio varias conferencias en Europa. Ese mismo año se rebeló contra la insistencia programática de Mondrian en la utilización exclusivamente de líneas verticales y horizontales, efectuando su primera Contracomposición, en la que implanta las diagonales y da inicio a una nueva dirección del neoplasticismo, que se conoce como elementarismo. Mondrian creería herética esta actitud de Van Doesburg e inició su separación del grupo De Stijl. En los años treinta se volvió en la fuerza impulsora del nuevo grupo abstracto de París, llamado Abstracción-Creación.

Theo Van Doesburg efectuó proyectos de decoración de interiores, habitualmente en colaboración con otros artistas, en los que las continuidades o rupturas cromáticas profieren los espacios y los dinamizan, componiendo una unidad color-arquitectura visualmente inseparable. Junto a Van Eesteren hizo algunos proyectos, entre los que resaltan el del vestíbulo de la Universidad de Ámsterdam (1923) y la decoración para el Café L'Aubette de Estrasburgo (1928), creada con la ayuda de Hans Arp y Sophie Täuber, para el que concibió la articulación de paredes y techos a través de magnos bajorrelieves. En ellos el juego de diagonales suscitaba enlaces entre las distintas superficies e instauraba una continuidad entre los variados espacios de las salas.

Hilma af Klint.

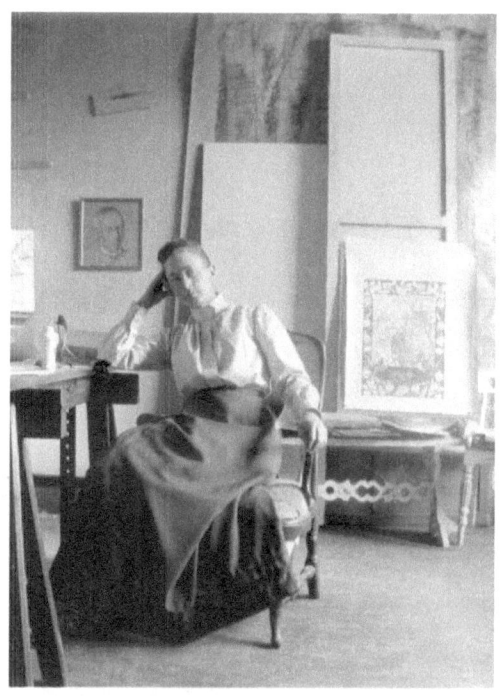

Hilma af Klint nació en Solna, municipio integrado en el área metropolitana de Estocolmo (Suecia). Fue hija de un almirante, y desde 1882 a 1887 asistió a la Real Academia Sueca de las Artes, donde aprendió las distintas técnicas que le permitieron trabajar como retratista y paisajista. Fue parte de la primera generación de mujeres europeas formada académicamente en arte. Luego de varios años de arduo trabajo, la academia puso un estudio a Hilma y otros dos compañeros en el barrio artístico y bohemio de Estocolmo. Después en el Kungstraedgaarden ("El jardín del rey") que es un parque situado en el centro de Estocolmo (Suecia), desarrolló su talento. Allí, Klint realizó tanto retratos como paisajes de estilo naturalista.

Sentía mucha curiosidad por el esoterismo, al cual tuvo acercamientos y luego, aumentó tras la muerte de su hermana de diez años. Se aproximó a los rosacruces, la antroposofía y la teosofía, un movimiento que también atrajo a Kandinsky y Mondrian. Luego se inició en el espiritismo.

A partir de 1896 Hilma af Klint formó con otras cuatro amigas un grupo llamado "Las Cinco", el cual practicaba la escritura y la pintura automáticas a partir de sesiones de espiritismo. Se reunían los viernes para sesiones de meditación y espiritismo durante las cuales practicaban dicha escritura automática a partir de mensajes que recibían de unos espíritus a los que llamaban los Altos Maestros. Durante una sesión, según ella, acogieron el encargo de los Altos Maestros de revelar lo que habían visto del mundo espiritual durante las reuniones con los mediums. Las otras pintoras se rehusaron a participar en el proyecto pero Klint trabajó en la serie "Los cuadros para el templo", sus primeras obras abstractas, iniciada en 1906 hasta el año 1915, compuesta por 193 obras. En el año 1908 conoció a Rudolf Steiner, miembro destacado de la Sociedad Teosófica y precursor de la Antroposofía quien, al ver la obra le recomendó no mostrarla durante 50 años. La artista lo hizo a los 20 años.

Hilma af Klint suspendió su trabajo para cuidar a su madre dependiente, período en el cual se alejó del barrio de Kungstraedgaarden. Retomó su labor pictórica con "Los cuadros para el templo" en 1912, que concluyó en 1915. Un año después, pintó bajo la guía de la geometría abstracta, la serie "Parsifal" y en 1917, la serie "Átomo".

En 1920, murió su madre, luego viajó a Suiza, donde se reencontró con Rudolf Steiner. Allí formó parte de la Sociedad Teosófica donde estudió sus textos. En esa etapa de su vida realizó una serie de pinturas sobre las grandes religiones del mundo.

En 1925, renunció a la pintura para siempre, para dedicarse a los estudios teosóficos. Finalmente murió en un accidente en 1944.

Nassos Daphnis.

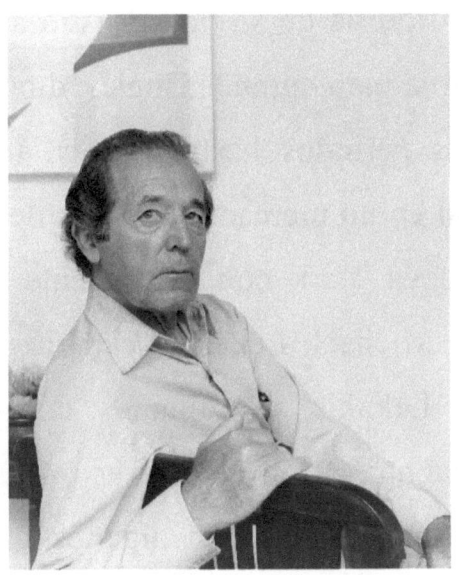

Nassos Daphnis, nació en 1914 en el pueblo de Krokeai, cerca de Esparta, y se radicó en Estados Unidos desde enero de 1930. Había estado dibujando y tallando desde la infancia. En Manhattan fue a trabajar en la florería de su tío y asistió a la escuela nocturna para aprender inglés. dibujó durante largos periodos hasta que, en una reunión casual en un mercado de flores de la ciudad de Nueva York con el asistente de otro florista, Michael Lekakis, cambió su vida. Cuando Lekakis vio algunos de los dibujos de Daphnis, le ofreció el uso de su estudio y un modelo durante algunos días cada semana, hasta que Daphnis pudiera encontrar un espacio para él. Finalmente,

Daphnis alquiló un estudio por diez dólares al mes.

Las primeras obras, basadas en recuerdos de Grecia, eran cándidas en estilo y se caracterizaban por un enérgico sentimiento apoyado en el color y la forma. El resultado de su trabajo se tradujo en una venta a William Gratwick y a un trabajo cruzando árboles en la finca de Gratwick durante muchos años. Daphnis solía decir que tenía dos carreras reales, la pintura y la horticultura.

A los años, después de haber vivido la Segunda Guerra Mundial, regresó profundamente afectado por la desgracia y destrucción que había sufrido de Europa. Sin embargo, continuó con su carrera artística y en un estudio que compartió con Theodoros Stamos, Daphnis comenzó a pintar paisajes surrealistas, plasmando imágenes de ruinas con su espátula.

A los años, sus formas se volvieron menos toscas y más biomórficas, plantas y criaturas marinas, su pintura más delgada, sus colores más radiantes. Y al pintar camuflaje en la campaña italiana, "había aprendido a pintar plano". Ahora mezcló esa lección con la enseñanza que había aprendido de su experiencia hortícola: "la naturaleza trabaja para crear una forma de manera ordenada".

En una visita a Grecia en 1950, contruyó nuevos paisajes y las casas blancas con tal intensidad que parecía disolver todo menos la forma. Las figuras geométricas en colores primarios y en blanco y negro se hicieron notables en el trabajo de Daphnis. A pesar de que no vendió nada durante años, en 1958, un nuevo y poderoso comerciante, Leo Castelli, se sorprendió por la sencillez de estas pinturas y le otorgó una exposición al año siguiente, a partir de la cual vendió varias obras, incluida una al Museo de Arte Moderno de Nueva York.

A mediados de la década de 1960, comenzó a pintar formas esféricas; A mediados de la década de 1970, creó un entorno con una serie de módulos unidos para formar The Continuous Painting (1975), que mide 10 pies de alto y 86 pies de largo. En las décadas de 1980 y 1990, utilizó esmaltes en forma de joyas al lienzo para crear la serie minoica, y casi a la vez, aligeró su paleta para otra serie en la que "enrejados curvilíneos" formados por líneas paralelas de color negro, rojo, azul y amarillo, parecen desplazarse a través de un campo blanco.

Aunque Nassos Daphnis se asoció con los pintores más acreditados en la escena de Estados Unidos, durante sus años de avance, nunca se identificó con una escuela o corriente definida. Durante la década de 1940 y principios de la década de 1950, los artistas abstractos estadounidenses de Balcomb Greene, Fritz Glarner, Ilya Bolotowski, John Ferren y otros, estaban manifestando sus teorías de la abstracción geométrica. En estilo y enfoque, el trabajo de Daphnis, característicamente parecido, era esencialmente diferente. Los artistas de la Escuela de Nueva York, Jackson Pollock, Franz Kline y Willem de Kooning, aunque eran sus amigos, no eran socios profesionales.

Daphnis murió el día 23 de noviembre, a los 96 años, de alzheimer, en Provincetown.

8.
La abstracción lírica

La abstracción lírica es una tendencia dentro de la pintura abstracta, que se desarrolló a partir de 1910 y se toma generalmente como referencia para marcar el inicio de la pintura abstracta: Comenzando con una acuarela del pintor Vasili Kandinsky, titulada precisamente "Primera acuarela abstracta". En este mismo año escribió su libro "De lo espiritual en el arte. Kandinsky ejemplifica esta abstracción espontánea. En 1910 desarrolló una abstracción impregnada de sentimiento, idealmente característica de las aspiraciones de los artistas del Zikario de Múnich Der Blaue Reiter, del que él mismo hacía parte.

El contenido que desarrollan los pintores de la abstracción lírica es la expresión de la emoción pictórica del artista, particular e inmediata. evitan representar la realidad de forma objetiva. La técnica más utilizada por estos pintores fue la acuarela, pintando igualmente bocetos y apuntes pequeños. Sin embargo, también crearon grandes obras al óleo. Reina el color sobre la forma.

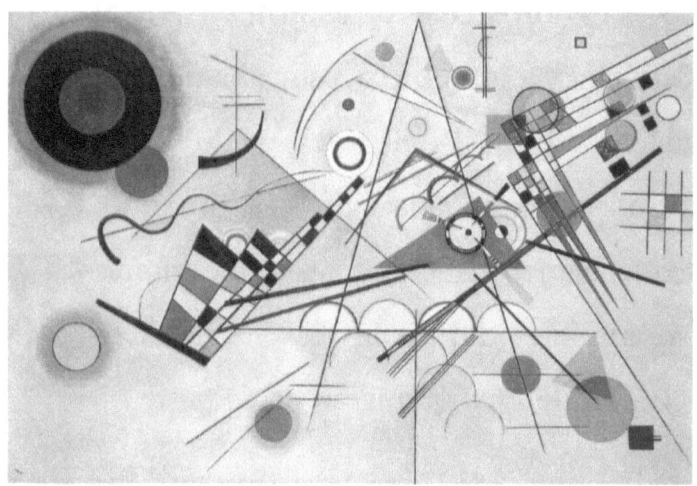

Se considera que el precursor de la abstracción lírica fue Kandinski (1866-1944), con obras como Impresión n.º 5 (1911, Centro Pompidou), Arco negro (1912, Centro Pompidou), Composición VIII (1923, Museo Guggenheim, Nueva York), Composición inestable (1930, colección Maeght), Conglomerado (1943, Colección Nina Kandinsky). Otro artista que se considera dentro de la abstracción lírica es Paul Klee (1879-1940); de sus obras cabe citar: Senecio (1922, Museo de Arte, Basilea), Castillo y sol, 3 (1928) o Port et voiliers (Puerto y veleros, 1937, Centro Pompidou).

En Francia, Robert Delaunay elaboró, desde 1912, desde las teorías de Chevreul sobre el contraste simultáneo de los colores, sus Ventanas y sus primeras Formas circulares cósmicas abstractas. Uno de los creadores de esta tendencia fue František Kupka (1871-1957), pudiendo citarse su obra "Las teclas del piano" (1909, Galería Nacional de Praga); expuso en el Salón de Otoño de 1912 Amorfa, fuga de dos colores y en 1913 Planos verticales azules y rojos.

En ese tiempo, en Rusia, Mijaíl Larionov y Natalia Goncharova llevaron hasta la abstracción pura su técnica de transcripción del fenómeno luminoso, al que denominaron rayonismo.

Posteriormente, adoptaron la abstracción lírica una serie de artistas parisinos, después de la Segunda guerra mundial, oponiéndose a la abstracción geométrica. Actualmente y desde la postmodernidad, podríamos hablar de la abstracción postlírica en autoras como Fiona Rae o Pablo Rey entre otros.

9.
La vanguardia Rusa

Vanguardia rusa es un término utilizado para precisar la grande e influyente concentración de arte moderno que se generó en Rusia (o de manera más precisa, en el

Imperio Ruso y la Unión Soviética) alrededor de 1890 y 1930, aunque en algunos sitios comienza de manera más temprana, en 1850 , y acaba más tarde, en 1960. El término cubre muchos movimientos artísticos contemporáneos, autónomos pero intimamente relacionados como el Neo-primitivismo, el suprematismo, el constructivismo, el cubofuturismo y el futurismo ruso. Debido a que bastantes de estos artistas de vanguardia nacieron en las actualmente Bielorrusia y Ucrania (como Kazimir Malévich, Aleksandra Ekster, Vladímir Tatlin, Vasili Kandinski, David Burliuk, Oleksandr Arjípenko), algunos historiadores también la llaman Vanguardia ucraniana.

La Vanguardia rusa llega a su clímax creativo y de popularidad en el espacio comprendido entre la Revolución rusa de 1917 y 1932, período en el que las ideas de esta vanguardia colisionan con las que el nuevo estado favorecía, el realismo socialista.

10.

Bibliografía

- La historia del arte abstracto. Cor Blok. Editorial Cátedra 1999.
- Arte abstracto. Dietmar Elger. Editorial Taschen.
- El arte abstracto de Anna Moszynska.
- De lo espiritual en el arte. Vasili Kandinsky. Planeta de libros.
- Breve historia del arte. Hodge Susie
- Abstrack América. Saatchi Galery.
- Pictures of Nothing: Abstract Art Since Pollock. Kirk Varnedoe.

- Painting and Understanding Abstract Art. John Lowry.
- Abstract Painting: The Elements of Visual Language. Jane Davies.

www.ingramcontent.com/pod-product-compliance
Lightning Source LLC
Chambersburg PA
CBHW021437210526
45463CB00002B/543

* 9 7 8 1 6 9 9 7 3 1 5 7 4 *